JN419620

세종의 처방전

책 만 드 는 집
시인선 268

세종의 처방전

문무학 시조집

책만드는집

'훈민정음' 서문 풍으로

    나랏말씀에 이 나라 저 나라 말이 섞이고, 지나치게 줄여 쓰며, 듣기 거북하게 거칠어져서 서로 잘 통하지 않게 되었다. 이런 까닭에 사람들이 곱고 바르게 전하고자 하는 뜻이 있어도 온전히 전하지 못하는 일이 많아졌다. 말이 흉해지면 세상이 흉해질지니 이를 두고만 볼 수 없어 일만 일천일백일흔두 자의 글자를 쓸 수 있는 첫소리 열아홉, 가운뎃소리 스물하나, 끝소리 스물여덟을 글감으로 예순여덟 수의 시조를 지어 처방하노니 누구나 읽고 느껴 날로 바르고 고운 한글 쓰기를 자랑스럽게 하고자 할 따름이니라.

2025년 10월 9일
솔밑돌길집에서
문무학

| 차례 |

1부   첫소리

2부 가운뎃소리

3부   끝소리

1부

첫소리

세종의 처방전
- 첫소리 ㄱ

가르침은 사람을 사람 되게 하지만
가리킴은 사람을 물건 되게 하느니라
사람이 사람 돼야지 물건 되면 어쩌냐

세종의 처방전
- 첫소리 ㄲ

깔끔 깨끗 한글에 쌍기역이 많은 것은
기역 한 번 써서는 모자라기 때문이다
깔끔과 깨끗이 어찌 한 번 만에 될 일이냐

세종의 처방전
- 첫소리 ㄴ

나 말고는 없다고 어깨에 힘을 주고
거드름에 거들먹 건방까지 떨거든
'나' 자에 미음을 받친 '남'도 있다 하여라

세종의 처방전
- 첫소리 ㄷ

다 갖고도 모자라 더 높은 자리 앉고
이름도 더 내려는, 더더더병 환자에겐
'더' 자에 리을을 붙여 '덜' 자 한번 쓰게 하라

세종의 처방전
- 첫소리 ㄸ

따르고 싶은 사람 닮아가나 돌아보고
사람이 따라오게 따뜻이 손잡으며
쌍디귿 살펴보아라 혼자 있지 않잖아

세종의 처방전
- 첫소리 ㄹ

ㄹ 초성 우리말이 없어서 그런 거냐
사랑 두고 삶을 두고 러브니 라이프니
사랑이 영어 아니면 안 된다고 하더냐

세종의 처방전
- 첫소리 ㅁ

말이 곧 사람이고 사람이 곧 말이니라
정신의 속옷이요, 마음의 겉옷인 말
함부로 벗지 말아라 가릴 곳은 가려라

세종의 처방전
- 첫소리 ㅂ

발자국은 발걸음의 사진 아니겠느냐

삐뚤삐뚤 걸으면 삐뚤삐뚤 찍히니

바르게 걸어가라고 '발'로 줄여 썼느니라

세종의 처방전
- 첫소리 ㅃ

빵긋빵긋 뺑긋뺑긋 사랑을 만들지만
삐쭉삐쭉 빼쭉빼쭉 미움도 만든다
나란히 서있다 해도 다를 때는 다르니라

세종의 처방전
- 첫소리 ㅅ

사랑보다 더 귀한 게 이 세상에 없나니
가꾸고 가꾸어라 귀한 것은 쉬 변한다
그 사랑 '이응' 놓치면 사라지고 마느니라

세종의 처방전
- 첫소리 ㅆ

씨는 모두 조그맣다 큰 것이 하나 없다
씨는 모두 단단하다 무른 것이 하나 없다
작아도 고추는 맵고 무른 보석 없느니라

세종의 처방전
- 첫소리 ㅇ

'울음'과 '웃음'은 받침 하나 다를 뿐
울음이 웃음 되고, 웃음 또한 울음 되니
받침을 시옷으로만 쓸 수 있게 살지라

세종의 처방전
- 첫소리 ㅈ

자랑하고 싶은 일이 많고 많고 많아도
자랑은 또 시샘으로 들불처럼 번질지니
'자랑'의 받침을 떼고 생각 먼저 '자라'게 하라

세종의 처방전
- 첫소리 ㅉ

짜장, 정치란 게 참 좋은 줄 알았는데
여의도서 쏟아지는 얄궂은 말 들어보면
정말로 **치**사한 것을 줄여 쓴 것 같잖니

세종의 처방전

- 첫소리 ㅊ

'참하다'는 하도 고와 나무랄 데 없는 말
고운 맘 착한 행동 따로 뗄 수 없어서
합쳐서 만든 말인데 혹할 만하지 않느냐

세종의 처방전

- 첫소리 ㅋ

큰 것에 혹하고 마음 뺏길 일 아니다
큰 것은 다 커버려 더 클 게 없느니라
작아야 키우는 재미 쏠쏠하지 않겠느냐

세종의 처방전
- 첫소리 ㅌ

타임 타임 하지 마라 땅속까지 들린다
시간時間도 길어서 짧게 '때'라 지었거늘
때라고 쓰지 않으면 때 놓친다 일러라

세종의 처방전
- 첫소리 ㅍ

'프사'니 '인강'이니 이 말 섞고 저 말 줄여
말이라 한다 해도 너는 답답 나는 '어둥'
원래 말 '어리둥절'을 떠올릴 수 있겠느냐

세종의 처방전
- 첫소리 ㅎ

후후후 불어서 날아가지 않는 먼지
이도 저도 아니게 건성건성 불지 말고
후에다 기역을 붙여 훅훅훅 불어봐라

2부

가운뎃소리

세종의 처방전
- 가운뎃소리 ㅏ

'아'는 여는 소리 닫힌 것들 열어준다
아침이 하루 열고 아지랑이 봄을 열듯
사람의 아름다움은 고운 말로 열린다

세종의 처방전
- 가운뎃소리 ㅐ

애기 안고 가는 사람 눈 닦아도 안 보이고
개를 안고 가는 사람 눈 뜨면 넘쳐난다
사람은 어찌하라고 어쩌라고 사람은

세종의 처방전
- 가운뎃소리 ㅑ

야금야금 야슬야슬 야울야울 야즐야즐
그 어느 것 하나도 힘센 것이 없지만
약해도 가슴 안쪽으로 야릇야릇 흐를지니

세종의 처방전
- 가운뎃소리 ㅒ

애야! 멋져지려면 안경을 바꾸어라
돋보기 '돋' 자를 '멋' 자로 고쳐보면
멋 보는 '멋보기' 되어 멋진 것만 보일지니

세종의 처방전
- 가운뎃소리 ㅓ

'엄마'는 태어나서 맨 먼저 배우는 말
이 세상 떠날 때도 어머니를 부른다면
엄마로 시작한 인생 끝날 때는 어머니

세종의 처방전
- 가운뎃소리 ㅔ

에누리가 없으면 전통시장 아니지
깎아달라 안 된다 목청 높여 흥정해도
한 움큼 덤덤한 덤이 에둘러도 가느니라

세종의 처방전
- 가운뎃소리 ㅕ

여자는 여리고 여린 것이 여자지만
여려도 꺾이잖고 휘어져도 바로 선다
엄마가 될 수 있는 건 여리기 때문이니라

세종의 처방전
- 가운뎃소리 ㅖ

예술은 그 무엇도 막지 못할 침입이다
이론과 논리에 비웃음을 날리면서
우리네 가슴속으로 훅 안겨 오느니라

세종의 처방전

- 가운뎃소리 ㅗ

곱고 곱고 고와서 꽃이라 지었거늘
'꼬츤' 어디가고 '꼬슨'이 웬 말인가
바르게 불러주어야 짙은 향기 품느니라

세종의 처방전
- 가운뎃소리 ㅘ

'와'와 '과'는 접속조사 수완 좋은 뚜쟁이다
사랑과 미움이나 전쟁과 평화까지
한자리 앉힐 수 없는 것 앉히고 마느니라

세종의 처방전

- 가운뎃소리 ㅐ

왜냐고 묻고 묻고 그 꼬릴 따라가면

궁금증 사라진다 눈 번쩍 뜨인다

의문은 왜? 앞에 끝내 무릎 꿇게 되느니라

세종의 처방전

- 가운뎃소리 ㅚ

외국 말 잘 못하면 얼굴 빨개지면서
우리말은 틀리고도 낯 붉히지 않는다면
국적이 그 어디냐고 물어봐야 하느니라

세종의 처방전
- 가운뎃소리 ㅛ

요란은 성가시고 요긴은 간절한데
요즘을 살아가는 사람들 내려다보면
요란은 넘쳐흐르는데 요긴한 건 무언가

세종의 처방전

- 가운뎃소리 ㅜ

북카페는 책 읽고 차 마시는 곳이건만
차만 마셔대고 책 보는 이 없다면
이름이 요상하니라 영업정지 내려라

세종의 처방전
- 가운뎃소리 ㅞ

웬만하면 봐줘라 너도 더러 틀리잖아
'웬만'을 '왠만'으로 잘못 쓰는 그 정도는
슬쩍이 지적만 해도 고쳐 쓰지 않겠느냐

세종의 처방전
- 가운뎃소리 ㅟ

위하여 위하여 술잔 들고 외쳤던 말
진정 누굴 한번 위해본 적 있었느냐
위함은 입이 아니라 몸이 해야 하느니라

세종의 처방전

- 가운뎃소리 ㅠ

유튜브를 너튜브로 말해야만 하는가
영어도 아닌 것이 국어는 더 아니니
여, 저기 말을 섞어서 어쩌자는 말이냐

세종의 처방전
- 가운뎃소리 —

으레 그래야지 고운 말을 써야지
말이 흉해지면 세상도 흉해진다
소금만 소금 아니라 고운 말도 소금이니라

세종의 처방전
- 가운뎃소리 ㅢ

'ㅢ' 자는 발음이 참으로 까다롭지
'ㅢ'로 읽지만 'ㅣ'로도 'ㅔ'로도 읽어
누구를 만나느냐에 사람들이 달라지듯

세종의 처방전
- 가운뎃소리 ㅣ

이겨야만 산다고 생각하지 말아라
지고도 살 수 있고 비겨도 살 수 있다
이겨도 질 때가 있고 져도 이길 때 있다

3부
끝소리

세종의 처방전
- 끝소리 없음

없음은 써놓고도 소리 내지 않지만
그렇다고 없음이 없는 것은 아니다
자리를 잡고 앉아서 소리를 떠받친다

세종의 처방전
- 끝소리 ㄱ

욕에도 맞춤법 있다 막 하는 게 아니다
근마 글마 금마 중에 어느 것이 바르냐
그놈을 줄인 말인 걸 알기라도 해야지

세종의 처방전
- 끝소리 ㄲ

'겪다'는 아무래도 그리움과 친한 낱말
어젠 결코 어제로만 닫히는 게 아닐지니
겪은 일 서럽다 해도 그리움은 꺾지 마라

세종의 처방전
- 끝소리 ㅄ

삯 주지 못하면서 제게 없는 힘을 뺏고
번뜩이는 재주까지 샅샅이 후무리면
내 잠시 곤룡포 벗고 '상것'이라 못 하랴

세종의 처방전
- 끝소리 ㄴ

한 해는 살아봐야 춘하추동 맛보는데
지구를 지나치게 홀대하는 사람들로
요새는 하루살이도 사계절을 다 산다며

세종의 처방전

- 끝소리 ㄵ

앉아만 있지 마라 그 자리가 높아도
자리는 높을수록 떨어지기 쉬운 법
앉아도 서있듯 해야 자리 오래 지킨다

세종의 처방전
- 끝소리 ㄶ

ㄶ 겹받침은 끊을 것 뚝 끊어내고
많아야 할 것은 떠받쳐 많게 하니
'괜찮다' 말에 안겨도 밉지가 않으니라

세종의 처방전
- 끝소리 ㄷ

디귿 받침 글자들은 돕고 돕고 돕는다
숟가락 손을 돕고 돋보기는 눈을 돕고
새싹도 도움받아야 파릇파릇 돋느니라

세종의 처방전
- 끝소리 ㄹ

덜 익은 열매에 제맛 들게 하려면
햇볕도 쬐여주고 물도 자주 주면서
그 '덜' 자 '리을' 지우고 '더' 자 자꾸 쓰거라

세종의 처방전
- 끝소리 27

늙으려 늙으려고 욕심내는 사람 없다
그러면 그 숫자가 전과 기록 아닐진대
어째서 연령주의*가 활개춤을 추는가?

* ageism.

세종의 처방전

- 끝소리 ㄹ

옮기지 말아라 한번 심은 그 나무를
자주자주 옮기면 뿌리 내릴 틈이 없어
열매를 맺을 나무가 자랄 수가 없느니라

세종의 처방전
- 끝소리 ㄼ

짧은 것을 억지로 늘이지 말지어다
짧은 것은 짧은 대로 쓰일 데가 다 있거늘
늘이다 뚝 끊어지면 짧음만도 못하니라

세종의 처방전

- 끝소리 ㄹㅅ

곬은 오직 하나, 둘을 품지 않는다
옆도 뒤도 보지 않고 외길로 걸어 걸어
가 닿은 길 끝에 서면 못 보던 게 보일지니

세종의 처방전

- 끝소리 ㄹㅌ

훑어봤지 발끝에서 허리 위 얼굴까지

아무리 그래봤자 마음 한쪽 못 봤으니

볼 것을 놓쳐버리니 훑는 것이 옳겠느냐

세종의 처방전

- 끝소리 ㅍ

읊어야지 시조는 읽는 것이 아니었어
말이 가진 가락에 그대로 숨을 맡겨
억지는 내팽개치고 그냥그냥 읊어라

세종의 처방전
- 끝소리 ㄹㅎ

옳은 일과 그른 일은 큰일에만 있지 않다
우리 말글 홀대하고 남의 말글 자주 쓰면
어떻게 옳은 일 한다 손뼉 칠 수 있겠느냐

세종의 처방전
- 끝소리 ㅁ

밤은 캄캄하다 그 무엇도 뵈지 않게
쉬라고 어둠 줘도 기어이 밀쳐내니
지구가 눈이 아파서 보이는 게 있겠느냐

세종의 처방전
- 끝소리 ㅂ

밥상은 팽개치고 식탁만 챙기니까
숟가락 부딪치며 정 듬뿍 찍어 먹던
식구가 밥상을 들고 이민 가지 않았느냐

세종의 처방전
- 끝소리 ㅄ

값있고 값없음이 세상살이 자[R]가 되어
자연에 값 붙이고 사람에도 값 붙이니
한글은 값이 얼마니? 내 한번 물어보자

세종의 처방전
- 끝소리 ㅅ

옛날엔 낫 놓고 ㄱ 자를 몰랐지만
지금은 ㄱ 자 쓰고 낫을 알지 못하니
아는 것 모르는 것도 시절 따라 가느니라

세종의 처방전
- 끝소리 ㅆ

'있다'는 말은 그냥 넉넉하고 푸근하다
있어서 미덥고 있어서 든든하다
없어서 추운 그만큼 꼭 그만큼 따뜻하다

세종의 처방전
- 끝소리 ㅇ

이응 받침 글자들은 둥긂을 지향한다
동글동글 둥글둥글 빙그르르 뱅그르르
그렇게 돌고 돌아서 모나지가 않으니라

세종의 처방전
- 끝소리 ㅈ

잊고 싶은 이름은 그냥 쉬 잊어버리고
잊어선 안 될 이름 그 자리에 밀어 넣어
대답을 듣지 못해도 자주자주 불러라

세종의 처방전
- 끝소리 ㅊ

낮 들고 살려거든 여의도엔 가지 마라
벼룩도 낯짝 있어 들지 못할 그 섬에는
새빨간 입술의 독설 쇠판 위에 튀느니라

세종의 처방전
- 끝소리 ㅋ

'녘'은 방향이다 어느 때 그 무렵이다
남녘과 북녘으로 갈려 사는 한반도에
한 녘만 바라보면서 살아갈 날 오려나

세종의 처방전

- 끝소리 ㅌ

티읕 받침 글자들은 따스하고 가치 있다
볕은 어떠하며 겉은 또 어떠하냐
'같이'는 '같이'라 쓰고 '가치'라고 읽잖느냐

세종의 처방전
- 끝소리 ㅍ

앞뒤가 맞아야 사는 일이 편안하다
앞만 보지 말고 뒤도 가끔 돌아봐라
뒤라고 눈도 안 주면 앞뒤가 맞겠느냐

세종의 처방전

- 끝소리 ㅎ

좋아한다 말 한마디 차마 하지 못하고
좋아했단 그 말도 끝내 하지 못했다니
거봐라, 미루고 망설이다 무엇이 남았느냐

처방 외전

처방 외전 열두 첩貼

'세종의 처방전'이란 제목을 단 이 작품들은 한글 첫소리 열아홉, 가운뎃소리 스물하나, 끝소리 스물여덟, 모두 예순여덟을 제재로 한 것이다. 이 예순여덟 소리로 만들수 있는 한글 글자 수는 일만 일천일백일흔두 자, 그중 이천삼백쉰 자가 활용된다. 이 예순여덟 소리를 시조 초장 첫 음보에 앉혀, 우리말 곱고 바르게 쓰기의 처방을 내려 보겠다는 요량이었다.

이 처방전은 생활 속에서 보고 듣고 느끼고 생각하며 고개를 꺄우뚱거려 본 것들인데 어느 날 갑자기 시조의 손이 나를 꽉 잡았다. 가장 큰 밑돌은 팍팍한 세상을 정말 팍팍하게 하는 것이, 거칠어지는 말, 소통되지 않는 말, 분별없이 쓰는 외국 말과의 혼용이 아닐까 하는 진단을 내리게 됐고, 그 잘못을 시조 써서 고치면 좋겠다는 생각에서 비롯된 것이다.

말에 대한 생각은 나라나 민족의 구별이 없다. 바르고 고운 말을 쓰고, 소통이 잘되어 혼란스럽지 않아야 한다는 것, 이 생각을 생각으로만 붙들어 두지 말고 실천해 보라는 채찍을 든 것이 아래에 적는 처방 외전 열두 첩이다. 한 줄의 말이, 한 단락의 문장이, 선조들이 남긴 시조 유산들이 내 망설임을 쫓아주었다. 끝에 성글게 줄인 이력을 붙였다. 이런 삶을 거쳐 여기까지 왔다는 뜻이다.

1

질문: 오랜 시간 언어 자체를 천착게 한 원동력은 무엇인가요?

대답: 제가 낱말에 집중하면서 시조를 쓰는 데는 두 가지의 기저가 있습니다. 첫째는 우리 인류를 지칭하는 용어가 '호모 사피엔스'(합리적으로 생각하는 사람), 그다음에 '호모 파베르'(물건을 만드는 사람), 그다음에 이제 요한

하위징아가 말하는 '놀이하는 인간'(호모 루덴스)으로까지 변화해 오지 않았습니까. 그런데 제가 낱말을 가지고 그런 작업을 하는 데는 바로 이 요한 하위징아의 『호모 루덴스』에 기댄 바가 상당히 큽니다. 이 책을 보면 언어 놀이에 관해서 상당히 깊이 있게 논하고 있고, 실제로 프랑스 시인 발레리가 했던 말처럼 말을 갖고 노는 행위가 시를 쓰는 것이라고 했거든요. 그런데 이 책에서 말을 갖고 노는 행위가 시라고 하는 것이 그런 비유적 표현이 아니고 그것이 객관적 사실이다, 이렇게 말하고 있어요. 그래서 말을 통해서 나는 쉽게 재미를 생산할 수 있고 의미를 심을 수 있다, 이런 확신을 가진 거예요. 이런 『호모 루덴스』라고 하는 책에 기댄 것이 많고…….

그다음에는 이건 좀 외람되기도 하고 건방지기도 하다, 그렇게 말할 수 있는데, 하여튼 마르틴 하이데거의 "언어는 존재의 집이다"라는 그 말을 제가 패러디해서 이런 말을 만들었죠. "낱말은 시대의 집이다." 낱말은 시대의 집인데 낱말이 붕괴되면 시대가 사라진다고 그렇게 생각한 거예요. 그것이 낱말을 시적 주제로 삼는 제 뚜렷한 이유입니다. 그러면서 제가 생각한 세 가지의 명제가 있는데 첫째는 낱말이 시대를 이끌고 시대는 낱말로 정

리됩니다. 두 번째로는 시대의 변화는 낱말을 통해서 옵니다. 셋째, 시대를 가장 예민하게 감각하는 것이 바로 낱말입니다. 그래서 결론적으로 낱말을 따라가면 시대가 보입니다. (···중략···)

그런데 시조의 '시' 자가 '글귀 시詩'가 아니라 '때 시時' 자라고 하는 사실, 이 사실을 기억한다면 우리가 낱말에 대해서 더 집중해도 좋지 않겠는가, 그래서 낱말에 더 집중하고 낱말을 더 깊이 파 들어가면 낱말 속에서 시대를 읽을 수 있고, 시대 속에서 낱말이 정리되는 그런 희열을 맛볼 수 있지 않을까, 그렇게 생각해서 제가 거기 매달리는 이유가 됩니다.

- 유튜브 채널 《시조튜브》 특강 〈시조를 말하다〉 중에서

2

말과 글은 같은 듯하지만 다르고 다른 듯하면서 같다. 말은 소리로 글은 모양으로 사람의 뜻을 전하고 생각을 나눈다. 말은 귀로 글은 눈으로 전하는데 말은 하는 것이고 글은 쓰는 것이다. 사라지는 말을 붙들기 위해 글자를 만든 것이라 말이 형이고 글이 아우다. 시조와 시가 그렇

다. 시조는 말로, 시는 글로 사람의 생각을 전하고 느낌을 나눈다. 시조는 노래로, 시는 뜻으로 전하는데 시조는 짓는 것이고 시는 쓰는 것이다. 시조는 원래 있던 것이고 시는 들인 것이라 시조가 형이고 시가 아우다. 말과 글, 시조와 시 사이에서 나는 늘 어정거리는데 형을 쫓아가기 바쁘지만 꼭 아우를 데리고 가고 싶다.

– 《유심》, 2025 여름호, 「세종의 처방전」 시작노트

3

"사람의 말은 곧 사람의 혼이요 정신이요 신이기도 하다. 사람의 말 속에 무한이 있어 애용됨은 그 혼과 정신 속에 그것이 살아있기 때문이요, 그 마음과 혈맥 속에 하늘이 깃들어 있기 때문이다."(김동리, 「창공의 사상」에서)

말은 나의 하늘이다. 나는 하늘 아래서 하늘을 받들며 산다. 하늘 아래 산다는 것은 더 높은 것이 있다는 것이며 더 높은 것이 있다는 것은 내가 가야 할 길이 멀다는 것이다. 그 먼 길 가며 고개는 숙이되 어깨는 펴려 한다. 말의 하늘 아래서 아프게 즐기고, 즐겁게 아파한다. 내 말살이 돌아보는 세종의 처방전은 내게 내린 처방이다. 말 속을

걸으며 더러 비틀거리지만 끝내 하늘을 날아보고 싶다.
한글과 시조의 아름다운 만남 그것이 내가 꿈꾸는 시조다.

−《좋은 시조》, 2025 여름호, 「세종의 처방전」 시작노트

4

사람 사는 세상에서 말이 중요하다는 것은 두말할 필
요가 없지만, 그 중요성을 잊고 살면서 무슨 일을 저지르
고 나서야 깨닫고 후회하는 일이 종종 있다. 우리가 쓰는
말은 마음속에 품은 생각을 밖으로 드러내는 것이다. 따
라서 우리의 사고방식과 연관되지 않을 수 없다. 사람이
달라지려면 말을 바꾸어야 한다. 베르나르 베르베르는
말이 바뀌지 않으면 진정한 혁명을 이룰 수 없기 때문에
"혁명을 하고자 하는 사람들은 언제나 언어와 어휘를 바
꾸고 싶어 한다"고 했다.

언어예술인 문학은 전통적으로 교훈을 전달하고, 즐거
움을 주기도 하며, 현실을 이해하는 데 도움을 주기도 한
다. 뿐만 아니라 사회적 소통의 수단이 되기도 한다. 소통
은 생각이나 느낌, 정보를 주고받는 과정이다. 따라서 어
떤 언어가 가장 큰 영향력을 갖느냐 하는 의문이 들 때가

많은데, 특정 언어를 사용하는 사람들의 수로 결정되는 게 아닌가 싶기도 하다. 이에 대해 자크 아탈리는 "그 언어로 쓰인 명작의 수와 명성에 따라 좌우되는 것"이라고 하여, 문학의 위대함을 깨닫게 해주기도 한다.

5

시조는 우리 문학의 고향이고, 시조 연구는 우리 학문의 종가이다.

— 조동일, 『시조의 넓이와 깊이』, 「머리말」에서

6

고시조에도 말을 소재로 한 작품이 여러 편 있다.

듣는 말 보는 일을 사리에 비겨보아
옳으면 할지라도 그르면 말을 것이
평생에 말씀을 가려내면 무슨 시비 있으리

들은 말 즉시 잊고 본 일도 못 본 듯이

내 인사 이러하매 남의 시비 모를로다
다만지 손이 성하니 잔 잡기만 하노라

말씀을 가리어내면 겨룰 일이 바이없고
無逸을 좋아하면 貪慾인들 있을쏘냐
一毫나 밖의 일 하면 헛공분가 하노라

말을 삼가하여 怒하온제 더 참아라
한 번을 失言하면 一生에 뉘우쁘뇨
이 중에 조심할 것이 말씀인가 하노라

말하기 좋다 하고 남의 말을 말을 것이
남의 말 내 하면 남도 내 말 하는 것이
말로써 말이 많으니 말 말음이 좋아라

말하면 雜流라 하고 말 아니면 어리다 하네
貧寒을 남이 웃고 富貴를 새우나니
아마도 이 하늘 아래 살을 일이 어려워라

白圭에 있는 흠을 갈아내면 없으려니

사람의 말허물은 갈아서 없을쏜가
南容이 이러하므로 三復白圭* 하도다

작은 것이 높이 떠서 만물을 다 비추니
밤중에 광명이 너만한 이 또 있느냐
보고도 말 아니하니 내 벗인가 하노라

7

등단 45년, 열 권의 시조집를 냈다. 그 과정에서 모인
생각들에 '시조 삼관 삼도'라는 제목을 붙여 시조를 지을
때는 삼관을 생각하고, 퇴고할 때는 삼도를 기준으로 삼
는다.

왜 3이냐? 현대를 다양하게 정의하지만 나는 수의 시
대 혹은 숫자의 시대라 하고 싶다. 우리의 일상생활에서
관공서나 금융기관에 가서 일을 처리할 때 보면 사람의
이름은 잘 안 믿어주고, 숫자로 된 주민등록번호는 믿어

---

* 말을 삼가 신중하게 함. 남용이라는 사람이 백규라는 내용의 시를 하
루 세 번 반복하여 읽으니 공자가 이를 보고 조카사위로 삼았다는 데서
유래한다.

준다. 이 일뿐만 아니라 이름보다 숫자를 믿어주는 일이
허다하기 때문이다.

시조를 숫자에 비유하면 3이다. 시조는 형식도 평시조,
엇시조, 사설시조의 세 가지이며, 3장 6구 구성인데, 6구
는 3의 배수이며, 음수율로 3의 열다섯 배 마흔다섯 자 내
외가 시조 한 수가 된다. 음보율로도 소음보, 평음보, 과
음보 세 가지로, 3의 네 배 열두 음보가 시조 한 수가 되고,
고시조 유산도 『청구영언』『해동가요』『가곡원류』세 권
이다.

우리 삶도 3에 싸여있다. 삼령三靈, 즉 천지인에서부터,
지구를 밝히는 해, 달, 별, 삶의 기본이 되는 의식주, 사람
의 일생은 어린이, 젊은이, 늙은이를 거친다. 글은 서론,
본론, 결론, 삼권분립은 입법, 행정, 사법, 크기는 대중소,
등급은 상중하, 세월은 과거, 현재, 미래로 흐르고 세상의
모든 물체는 기체, 액체, 고체 중의 하나며, 날씨는 맑거
나 흐리거나 눈비 중의 하나다.

우리 선조들의 삶이 녹아있는 속담에도 삼, 세, 사흘 등
이 낱말이 많이 들어있다. 그중 세 가지만 들어보면 "세
살 버릇 여든까지 간다", "서당 개 3년이면 풍월을 읊는
다", "말똥도 세 번 굴러야 바로 선다"가 있다.

노자는 『도덕경』 42장에서 "道生一, 一生二, 二生三, 三生萬物"(도는 일을 낳고 일은 이를 낳고 이는 삼을 낳고 삼은 만물을 낳는다)이라 했고, 공자는 "三人行 必有我師"(세 사람이 길을 가면 반드시 그중에 나의 스승이 될 만한 사람이 있다)라 했다. 이런 3의 철학이 시조에 녹아있다. 나는 숫자 3의 힘을 시조 짓기에 적용, 퇴고 세 번이라는 습관을 만들고 싶다.

삼관은 ① 시조는 쓰는 것이 아니라 짓는 것이다. ② 시조는 글로 짓는 것이 아니라, 말로 짓는 것이다. ③ 시조는 읽는 것이 아니라 읊는 것이다. 삼도는 ① 형의 정격型宜正格 ② 시의적절時宜適切 ③ 조의 절묘調宜絶妙 다.

8

질문: 시조란 무엇인지 한 문장으로 정의해 주세요.

대답: 시조, 나라는 집, 그 집의 주춧돌입니다. 나는 시조를 위해서 한 것이 없지만 시조는 나를 지켜주었습니다. 그래서 시조가 문무학이라는 집의 주춧돌이라고 생각합니다.

－유튜브 채널《시조튜브》특강〈시조를 말하다〉중에서

9

글쓰기는 나쁜 언어를 좋은 언어로 바꿀 가능성을 대변한다.

– 미국 소설가 데이비드 실즈

10

글은 쓰는 것일까, 짓는 것일까, 하는 의문이 들 때가 있다. 문학작품의 경우를 두고 보면 '쓰다'와 '짓다' 중 어느 것이 더 적합한 말일까, 두 낱말은 어떤 차이가 있을까, 있다면 그 차이는 무엇일까 따위가 궁금해져서 살펴보기로 했다. 국립국어원의『표준국어대사전』을 펼쳤다. 두 낱말 다 참 많은 풀이 말을 달고 있다. 그 어느 낱말을 사용하든 틀린 것은 아닐 것 같다. 그런데 나는 '짓다'에 더 끌린다. 그 까닭은 열두 가지도 넘는다.

제일 먼저 '짓다'는 내 몸의 핏줄처럼 신경처럼 삶 전체에 퍼져있다. 삶의 세 가지 기본 요소인 옷과 밥과 집에 이어져 있다. 사람은 옷을 ① 지어 입고, 밥도 ② 지어 먹고, 집도 ③ 지어서 산다. 이 뜻만으로도 결코 적지 않은 뜻을 가진 낱말로 여겨지지만 여기서 끝나는 것이 아니라 여기서부터 시작이라 해도 될 듯하다. 옷, 밥, 집을 짓는 재료를 생산하는 농사도 ④ 짓는 것에 이어진다. 목화를 심어 가꾸어야 무명을 얻어 옷을 지을 수 있었다. 밥 짓는 쌀과 반찬거리도, 집 짓는 재료도 농사로 지어야 한다. 짓지 않고 얻을 수 있는 것은 없다.

옷 지어 입고, 밥 지어 먹으며, 집 짓고 사는 사람들 모두 아프지 않고 살 수 있으면 그보다 더 좋을 일이 없겠지만 아프지 않을 수 없다. 그 아픈 이유야 어떻게 다 헤아릴 수 있으랴만 아픈 걸 아프지 않게 다스리는 방법은 약을 ⑤ 지어 먹는 것이다. 아픈 몸을 낮게 하는 약은 사 먹는 게 아니라 지어 먹는다. '사 먹는다'는 말에는 냉정한 자본주의 냄새가 나지만 '약 지어 먹는다'에는 어딘지 모르게 정성이 가득 깃든 것 같다. 사 먹으면 낮지 않을 몸이 지어 먹으면 쉬 나을 것 같기도 하다.

사람이 태어나면 제일 먼저 갖게 되는 것이 이름이다. 이름을 갖는 것은 사람의 대접을 받는다는 것이다. 사람에겐 이름이 중요하기도 해서 한 생명의 탄생을 기다리며 태어나기 전에 태명을 짓기도 한다. 그런 이름도 ⑥ 짓는 것이다. 이름은 바로 생명이다. 김춘수 시인이 「꽃」에서 "내가 그의 이름을 불러주었을 때/ 그는 나에게로 와서/ 꽃이 되었다"고 노래했듯이 이름이 없으면 존재할 수 없는 것이다. 이름을 갖는다는 것은 이 세상에 존재하는 주소를 갖는 것이며, 사람은 그 이름으로 존재한다.

이름과 관련해서 참 끔찍한 일도 있다. 유발 하라리는 『호모 데우스』에 "칼라하리사막의 쿵족과 북극의 이누이트 집단에 따르면 인간의 생명은 이름이 지어진 뒤에야 시작한다. 아기가 태어나면 가족들은 한동안 이름을 짓지 않는다. 기형아로 태어나거나 경제적 어려움이 있는 경우 아기를 기르지 않기로 결정하면 그들은 아기를 죽인다. 이름을 지어주기 전에는 그렇게 해도 살인으로 간주하지 않는다"라고 썼다. 생명의 탄생과 이름이 갖는 의미를 깊이 생각하게 하는 일이다.

이렇게 사람은 태어나서 이름을 갖고 가족을 구성하고 사회를 이루어 살아가게 된다. 가족 구성의 기본인 짝도 ⑦ 짓는 것이다. 짝을 지어 살아가게 되는 것이다. 그런데 세상은 짝만으로는 살 수가 없다. 무리를 ⑧ 지어야 살아갈 수 있다. 사회를 이루어야 하는 것이다. 인간이 사회적 동물이란 명제를 생각하면 더 이상의 설명이 필요하지 않다. 이렇게 사회를 이루어 살아가면서 사람은 여러 가지 표정을 ⑨ 지으며 산다. 슬프면 울상 짓고, 기쁘면 웃음 짓듯이 어떤 표정이나 태도를 얼굴이나 몸에 나타내는 것이다.

사람은 살아가기 위해서 일을 해야 한다. 일하지 않고는 살아갈 수가 없다. 모든 일은 잘해야 한다. 잘하려면 무슨 일이든 차례에 따라야 한다. 그 차례에서 끝맺는 것을 매듭 ⑩ 짓는다고 한다. 바느질을 하고 나서 실의 끝을 잘 묶어서 풀어지지 않게 하거나, 이삿짐을 묶은 끈의 끝을 지어 풀어지지 않게 하는 것 따위로 묶거나 꽂거나 하여 매듭을 짓는 것이다. 또 시작과 끝이 있는 일을 끝맺는 마무리 ⑪ 짓다가 있다. 이 정도에 오면 '짓다'에 대한 이야기도 마무리할 때가 된 것 아닌가 하는 생각이 들지 모르지만 '짓다'엔 아직 할 말이 더 있다.

열두 번째로 시, 소설, 편지, 노래 가사 따위와 같은 글 쓰는 것을 ⑫ 짓는다고 한다. 초등학교 다닐 때 '글짓기'라고 배웠다. '짓다'라는 말, 이렇게 살펴보니 '쓴다'라는 말보다 정성이 더 들어가는 것 같다. 옷도 밥도 집도 지어서 살고, 짝 짓고 무리 지어 세상을 살아간다. 병나면 약 지어 먹고 몸을 지탱한다. 글도 잘 지어서 마음 병을 고칠 수 있으면 좋겠다. 그래서 나는 앞으로 글을 '쓴다' 하지 않고 '짓는다' 하고 싶다.

'짓다'에는 이렇게 열두 가지나 되는 좋은 뜻이 있는데, 정말 없었으면 좋겠다 싶은 뜻도 있다. '거짓으로 꾸미다' 처럼 ⑬ '억지로 미소를 지어서 웃고 있다' 따위다. 이 정 도는 크게 거북하지는 않지만, 사람이 살면서 절대 하지 말아야 할 일, 이쯤이면 짐작될 것이지만 죄를 ⑭ 짓다가 있다. 이게 좀 못마땅하다. 그러나 글은 짓되 죄는 짓지 말자는 다짐 말로 새기면 못마땅한 것도 끌어안을 수 있 겠다. '짓다' 앞에 움직씨라고 품사를 밝히면 '짓다'는 나 를 움직이게 하는 힘을 가지기도 한다. 이제 '짓다'를 섬 겨 시조를 쓸 것이 아니라 지어야겠다.

―「움직씨, 짓다」, 《한글새소식》 619호(2024. 3.)

11

1949년 4월 4일 경북 고령군 대가야읍 저전1길 13- 10(낫질, 저전동 540번지)에서 아버지 문판석, 어머니 김명 순의 2남 1녀 중 막내로 태어났다. 열흘 후 아버지가 해방 후 이념의 소용돌이 속에서 국가 폭력에 의해 어이없이 희 생되셨다. 향리에서 고령중학교를 졸업하고, 서당에서 몇

달간 『명심보감明心寶鑑』을 읽다가 이듬해 고령농업고등
학교에 입학, 1968년 졸업했다. 졸업 후, 부산 화신타월공
업사에서 급사로 일하다가 1969년 대구교육대학 초등교
원양성소에 입소, 수료하고 초등 교사가 되었다. 1969년
부터 고향 고령군에서 근무하다가 입대, 국방의무를 마
치고 복직하여 1978년 대구시로 전근했다. 재직 중 한국
방송대학교 초등교육과 초급 과정, 행정학과 전문 과정,
행정학과 학사 과정을 마치고, 대구대학교 대학원 국어
국문학과 석·박사 과정 졸업, 1995년 박사학위를 취득했
다. 1979년 패션 디자이너 이옥순과 결혼했다.

1991년 초등 교단에서 비사범 출신이란 꼬리표가 붙
어 장래가 어두워서 영남일보 논설위원 공채에 응시, 한
명 뽑는 논설위원에 뽑혀 14년을 근무하고 퇴직했다.
1988년부터 한국방송통신대학 강사, 대구대학교·경일
대학교·가야대학교 겸임교수, 대경대학 초빙교수를 역
임했으며, KBS대구방송총국 〈이 한 권의 책〉 게스트로 8
년간 매주 한 권씩의 책을 소개했고, 대구불교방송 〈시사
매거진 라디오945〉를 약 2년간 진행했다. 영남일보 재직
중 대구시조시인협회장, 퇴직 후는 대구문인협회장, 대

구시민예술대학 학장, 대구예총회장, 대구문화시민운동
협의회 의장, 대통령소속 사회통합위원회 대구지역협의
회 의장을 지냈다. 2013년 대구문화재단 대표이사로 임
명받았고, 2017년 대구동구문화재단 상임이사로 임명되
어 1년간 근무하다 사직했다. 2016년 학이사 독서아카데
미를 창설, 이후 독서아카데미에서 서평 강좌를 하고, 독
서 클럽 '책으로 노는 사람들'에 참여하고 있다.

12

1980년《시조문학》지에서 시조「회소곡」으로 1회천을
받고, 1981년「도회의 밤」으로 천료했다. 1982년 동시조
「아지랑이」로 제2회《동시조문학》신인상 수상, 「밤, 가
을은」으로 제38회《월간문학》시조 부문 신인작품상에
당선되었다. 1988년《시조문학》지에 문학평론「시조, 그
전통의 계승과 시대정신」으로 천료하여 작품 활동을 이
어왔다.

펴낸 시조집은 ① 1983년『가을 거문고』(대일출판사)
② 1989년『설사 슬픔이거나 절망이더라도』(백상) ③

1993년『눈물은 일어선다』(그루, 한국문화예술진흥원 지원) ④ 1999년『달과 늪』(만인사) ⑤ 2004년『풀을 읽다』(만인사) ⑥ 2009년『낱말』(동학사, 한국문화예술위원회 문예진흥기금 지원) ⑦ 2016년『홀』(학이사) ⑧ 2017년『누구나 누구가 그립다』(학이사) ⑨ 2020년『가나다라마바사』(학이사) ⑩ 2023년『뜻밖의 낱말』(뜻밖에, 대구문화재단 창작지원) ⑪ 2025년『세종의 처방전』(책만드는집, 서울문화재단 창작지원) 열한 권이 있고, 선집으로 ① 2001년 우리시대 현대시조 100인선『벙어리뻐꾸기』(태학사) ② 2013년『ㄱ』(시와반시)이 있다. 그 외 2023년『경북시조천년사』(목언예원, (사)국제시조협회)「현대시조 편」,《오류동인》지 열 권,『오류동인 선집』한 권 등의 공저가 있다. 2021년 한국문화예술위원회 '코로나19, 예술로 기록' 사업에 선정되어「시인이 넘은 코로나19 고개」가 유튜브에 공개되었다.

이 시조집과 선집에 실은 작품 중「품사 다시 읽기」(1. 명사, 7 관형사, 8, 부사, 9. 감탄사)가『중학교 국어 1-2』(금성출판사) 단원 2. 〈단어의 탐구〉에, 평론「옛시조 들여다보기 - 수박같이 두렷한 님아」가『중학교 국어 3-1』(금성출판사) 1. 〈문학의 아름다움〉에, 「문장부호 시로 읽기 2-?」가 『중등 국어 3』(비상교육) 1. 〈내 삶에 던지는 물음표〉, 『고등학교 국어 Ⅰ』(창비) [문법] 단원 〈교양 있는 언어생활〉에 실렸다. 『중등 국어 ①』(미래엔) 5단원에 「품사 다시 읽기」가 실렸고, 「중장을 쓰지 못한 시조, 반도는」이 『고등학교 문학 Ⅲ』(동아출판) 〈한국문학의 이해〉에, 「품사 다시 읽기」(1. 명사, 2. 대명사)가 『고등학교 언어와 매체』(비상교육) (1) 〈단어의 분류와 특성〉에 실렸다.

시집 외 저술로 ① 1996년 『큰 삶을 위한 작은 지혜』(이상사) ② 1997년 『시조비평사』(대일출판사) ③ 1998년 『문학사전』(이상사), 1998년 『세계 명언 명문장 해설』(이상사, 위 책 『큰 삶을…』 개정판), 2011년 『지혜보다 밝은 눈이 어디 있으랴』(학이사, 위 책 『세계 명언…』 개정판) ④ 2011년 고시조 해설집 『사랑이 어떻더니』(학이사), 문화 예술 칼럼집으로 ⑤ 2012년 『예술의 임무』(학이사) ⑥ 2013년 『예술이 약이다』(학이사) ⑦ 2017년 『왜! 문화인가』(학이사)가 있다.

독서 관련 저서로 ① 2020년 『내가 있는 삶을 위한 반려도서 레시피』(학이사) ② 『내가 있는 삶을 위한 반려도서

갤러리』(학이사) ③ 2024년『책으로 노는 시니어』(뜻밖에) ④ 2025년『예술로 노는 시니어』(뜻밖에) ⑤『내가 있는 삶을 위한 반려도서 디저트』(학이사, e-Book)가 있다.

문화 예술 활동으로 1999년 제11회 현대시조문학상, 제17회 대구문학상, 2000년 제1회 유동(이우종)문학상, 2003년 제6회 대구시조문학상, 2009년 제25회 윤동주문학상, 제29회 대구광역시문화상(문학 부문), 제19회 이호우시조문학상, 2012년 중국 연변민족시문학상, 2013년 한국예술문화단체총연합회 예술대상, 2015년 대구예술대상, 2020년 경북예술특별상, 2021년 제19회 유심작품상(시조 부문), 2021년 575돌 한글날 국어운동 공로 표창, 2023년『뜻밖의 낱말』로 시조문학사 좋은작품집상을 받았다.

그 외 국내 기관과 외국에서 받은 격려로, 1992년 교육부장관상, 2012년 대한민국 체육훈장 거상장, 국외에서 2007년 미국 캘리포니아 새크라멘토시 명예시민증, 공로상, 2011년 일본 미야기현예술협회, 2013년 6월 12일 미야기현 지사로부터 감사장을 받았다. 2003년 한국방송대학교 자랑스러운방송대인상, 2011년 자랑스러운대구대학교인상, 2013년 대구대학교총동창회 자랑스러운동문상, 2013년 고령군 자랑스러운군민상을 받았다.

문무학

'시조를 빛내는 한글,
한글을 빛내는 시조'를 꿈꾸며
시조 지으며 산다.
등단 45년, 그럼에도 불구하고,
아직도 시조 짓는 데는 半거들충이,
오늘도 시조 앞에서 갈팡질팡하고 있다.
mhmun7867@hanmail.net

세종의 처방전

—

초판 1쇄　2025년　10월　9일
지은이　문무학
펴낸이　김영재
펴낸곳　책만드는집

—

주소　서울 마포구 양화로3길 99, 4층(04022)
전화　02-3142-1585 · 6
팩스　336-8908
전자우편　chaekjip@naver.com
출판등록　1994년 1월 13일 제10-927호
ⓒ 문무학, 2025

—

* 이 책은 서울특별시, 서울문화재단 '2025년 원로예술지원사업'으로 발간되
었습니다.

—

ISBN　978-89-7944-907-5 (04810)
ISBN　978-89-7944-354-7 (세트)